Bibliografische Information der Deutschen Nationalbibliothek:

Die Deutsche Bibliothek verzeichnet diese Publikation in der Deutschen National-
bibliografie; detaillierte bibliografische Daten sind im Internet über http://dnb.d-
nb.de/ abrufbar.

Impressum:

Copyright © 2005 GRIN Verlag, Open Publishing GmbH
Druck und Bindung: Books on Demand GmbH, Norderstedt Germany
ISBN: 978-3-656-36242-5

Dieses Buch bei GRIN:

http://www.grin.com/de/e-book/67216/das-kommunikationsverhalten-von-
jugendlichen-am-beispiel-einer-ruf-jugendreise

Sven Hosang

Das Kommunikationsverhalten von Jugendlichen am Beispiel einer RUF Jugendreise

GRIN Verlag

GRIN - Your knowledge has value

Der GRIN Verlag publiziert seit 1998 wissenschaftliche Arbeiten von Studenten, Hochschullehrern und anderen Akademikern als eBook und gedrucktes Buch. Die Verlagswebsite www.grin.com ist die ideale Plattform zur Veröffentlichung von Hausarbeiten, Abschlussarbeiten, wissenschaftlichen Aufsätzen, Dissertationen und Fachbüchern.

Besuchen Sie uns im Internet:

http://www.grin.com/

http://www.facebook.com/grincom

http://www.twitter.com/grin_com

Sven Hosang
Studentenjahrgang PÄD 2004

Studentenfachbereich B
Studentenfachbereichsgruppe 3/B

Praktikumsbericht

Das Kommunikationsverhalten
von Jugendlichen
auf einer RUF-Jugendreise

Praktikumsorganisation:
RUF-Jugendreisen e.V.

Praktikumsort:
Hotel Oasis Park, Calella, Spanien

Praktikumszeitraum:
26.06. – 28.07. 2005

Arbeitszeiten:
24 Stunden, 7 Tage die Woche

Inhaltsverzeichnis

1. Einleitung „Das Kommunikationsverhalten Jugendlicher auf einer RUF-Jugendreise"

Wenn man heute als Elternteil daran interessiert ist, sein Kind ohne die familiäre Obhut in fremde Länder reisen lassen will, um auf diese Weise sowohl das interkulturelle Verständnis des Kindes zu fördern als auch um seine Selbständigkeit zu erhöhen, sein Kommunikationspotential und damit sein Sozialverhalten zu fördern und gleichzeitig dem eigenen Nachwuchs einen Urlaub ermöglichen will, der das Freizeitinteresse des Kindes maximaleffektiv abdecken soll, dann bietet der Markt in Deutschland hierfür eine sehr breite Varianz an Anbietern. Hier unterscheiden sich die Anbieter vor allem in zwei Kategorien, in „betreutem" und „begleitetem" Jugendreisen – in ersterem Marktsegment ist die Firma RUF in Deutschland im Jahre 2005 Marktführer. Hat aber nun die betreute Jugendreise bei RUF auch den erwünschten pädagogischen Effekt? Erfährt der Jugendliche die ihm zugedachte Entwicklung? Findet das propagierte Moment der Gruppenreise, der Gruppendynamik statt? Ist die betreute Gruppenreise der begleiteten Gruppenreise, bei der nicht steuernd eingewirkt wird, im Bereich der Gruppenbildung überlegen? Dies sind Fragen, die bisher nicht beantwortet werden konnten – und die so eine Ausgangslage zu diesem Thema bilden, welches vor allem für erziehungszielgerichtete Eltern von hohem Interesse ist, wenn es darum geht, die Entwicklung des Kindes auch in der Freizeit nachhaltig positiv zu beeinflussen.

2. Vorstellung der Praktikumsorganisation RUF

Der Verein „Rund um Freizeit" e.v., im Kürzel „RUF" genannt, unterliegt heute der Leitung der Trend Touristik GmBH. Gegründet wurde dieser Verein 1981 von den beiden Diplom-Pädagogen Tom Korbus und Bernhard Porwol mit dem Ziel, jugendgerechte, betreute Reisen gut organisiert anzubieten und in diesem Marktsegment eine Kombination an maximaler Kongruenz von Spass und Erlebnis für die Jugendlichen bei voller Gewährleistung der Betreuung und Aufsichtspflicht zu etablieren. Seit 1981 verreisten bis 2004 über 350.000 jugendliche Urlauber mit RUF.

Das Bielefelder Reiseunternehmen veranstaltet betreute Pauschalreisen mit Erlebnis-, Sport- und Kulturaktivitäten für Jugendliche zwischen 12 und 21 Jahren. Weitere Angebote sind Sprach-, Winter- sowie Gruppenreisen und Klassenfahrten. Die Reiseziele sind über ganz Europa verstreut.

Der Spezialist für betreute Jugendreisen in vergleichsweise hoher Qualität ist in diesem Segment europäischer Marktführer. Freiheit, Spaß, Strand und Sonne, Partys, Sport, Kreativität, Wohlfühlen und Neues kennen lernen - RUF Jugendreisen stimmt das Angebot darauf ab, was Jugendliche gemäß Marktanalyse wollen. Pädagogisch durchdachte Konzepte und jugendgerechte Angebote stehen dabei gemäß der Firmenphilosophie im Vordergrund.

Im Geschäftsjahr 2003/2004 reisten 45.950 Jugendliche mit dem Bielefelder Jugendreiseveranstalter (Vorjahr: 48.400). Der Umsatz lag bei 24,9 Mio. Euro (Vorjahr: 26,88 Mio. Euro). Bundesweit sind die Reisen in mehr als 7.000 Reisebüros buchbar.

70 hauptberufliche Mitarbeiter stellen die Zufriedenheit der Kunden von RUF Jugendreisen und eine reibungslose Abwicklung der Reisen sicher. Darüber hinaus haben interessierte und engagierte junge Menschen die Möglichkeit, als Reiseleiter (bezeichnet RUF als „Teamer"), Koch („Cookie") oder in anderen organisatorischen Bereichen (Service, Animation, Organisation) in verschiedenen Reisezielen für den Jugendreiseveranstalter zu arbeiten. Ein bestandenes Auswahlverfahren, ein erfolgreich absolviertes, mehrtägiges Seminar sowie ein großer Erste-Hilfe-Schein sind Voraussetzung. Mehr als 1.300 geschulte Reiseleiter zwischen 21 und 35 Jahren sorgen für die Vor-Ort-Betreuung, Spaß und Sicherheit im Urlaubsort und machen den gebuchten Urlaub zum auf die Bedürfnisse Jugendlicher abgestimmten Erlebnis.

3. Beschreibung des Tätigkeitsumfeldes eines Jugendreiseleiters

3.1. Personalauswahlverfahren

Gemäß der Firmenphilosophie der Firma RUF ist der Teamer, wie der Jugendreiseleiter im Folgenden genannt werden wird, das „Rückgrat der Organisation"[1]. Um als Teamer für RUF arbeiten zu können, ist ein Personalauswahlverfahren zu durchlaufen, welches im Rahmen dieses Berichtes nur in Kürze dargestellt werden soll, jedoch für die Beschreibung des Aufgabenprofils unerlässlich ist.

Voranstehend ist eine schriftliche Bewerbung bei RUF, sei es brieflich oder mittels des Anfragevordrucks in digitaler Form auf der Firmeninternetpräsenz WWW.RUF.DE [2] welcher nicht nur die persönlichen Daten des Bewerbers inklusive der Schulbildung abfragt, sondern hier bereits Daten zur Konfektionsgröße, zu sportlichen Lehrfähigkeiten, kreativen Fähigkeiten, Sprachkenntnisse (Grundkenntnisse / Gute Kenntnisse / Sehr gute Kenntnisse) für bis zu drei Fremdsprachen hinterfragt. Ferner wird dem Bewerber abverlangt, hier selbst zu beschreiben, welche Eigenschaften seiner eigenen Meinung nach für einen Jugendreiseleiter unerlässlich sind, welche vier Eigenschaften ihn persönlich ausmachten und warum er der Meinung sei, selbst der Richtige für genau diese Art der Tätigkeit zu sein. Formale Qualifikationen die mitzubringen sind, sind eine erfolgreich abgeschlossener DLRG Rettungsschwimmerausbildung sowie ein gültiger „großer Erste Hilfe Schein" als Minimum. Trainerlizenzen und Führerscheine sind hilfreich für eine positivere Betrachtung des Bewerbers.

Passt der Bewerber aus Sicht des Personalreferates zur Organisation, erhält dieser einen Termin für ein persönliches Casting, ein vier Augen Gespräch in neutralem freizeitlichem Umfeld wie z.b. ein Café, eine Bar oder vergleichbar. Hintergrund ist hierbei nicht nur, dass sich der Bewerber einem persönlichen Gespräch stellt, in welchem er seine Fähigkeiten präzisiert, fiktive Tagesabläufe gestaltet und vorstellt sondern dass auch bereits bei diesem Casting Situationen durchgespielt werden, die im Urlaub Jugendlicher auftreten könnten. Durch das Durchspielen in der Öffentlichkeit kann der castende Mitarbeiter RUFs Rückschlüsse auf die Extraversion des Bewerbers ziehen. Verläuft das Gespräch positiv, so erhält der Bewerber einen Termin für ein fünftägiges Ausbildungsseminar, dessen Kosten

---

[1] Zitat Dr. Bernhard Porwoll, mündlich beim Mitarbeitertreffen in Bielefeld zum Saisonstart 2005
[2] Siehe Literaturverzeichnis

in Höhe von 80€ er selbst trägt. Im Rahmen dieses Seminars, in welchem der Arbeitstag im Mittel 18 Stunden beinhaltet erhält der Bewerber Ausbildungen in Jugendreiserecht sowie dessen praktischer Anwendung, Planung und Organisation von Animations- und Showprogrammen im touristischen Umfeld sowie Grundkenntnisse im Bereich der Methodik / Didaktik. Vom kurzfristigen improvisierten Workshop über situative Konfliktrollenspiele die aus der Sicht eines Teamers gelöst werden müssen über Organisation einer Relay-Station bei Bus-Reisen bis hin zur Konzeption und Mitdurchführung einer Abendshow wird dem Teamer vor allem abverlangt in wenig Zeit viel Information aufzunehmen und sofort richtig umzusetzen. Sekundär aber nicht weniger wichtig wird betrachtet, ob der Bewerber bei hohem Leistungsniveau bei wenig Schlaf und zeitlich bedingt ausfallenden Mahlzeiten sein Leistungslevel halten kann – ein für den touristischen Bereich unerlässlicher Faktor. Erfüllt der Bewerber in den Bereichen Empathie, Organisation, Kreativität, Lern- & Leistungsfähigkeit, Motivationsfähigkeit, Extraversion und Teamfähigkeit die Vorraussetzungen, wird er in den Personalpool RUFs aufgenommen und kann sich nun gezielt für Zeiträume bewerben, in denen er tätig sein will. Bei mehreren Bewerbern auf eine Stelle in bestimmten Destinationen im gleichen Zeitraum entscheidet Eignung, Leistung, Befähigung oder die willkürliche Auswahl der Koordinators vor Ort über die Stellenvergabe.

3.2. Tätigkeitsumfeld, Personalstruktur

Die RUF Struktur in den Urlaubsorten, den betriebsintern so genannten Destinationen, ist klar hierarchisch, es herrscht eine Mischung aus vorgefertigt patriarchalischem bis partizipativem Führungsstil, dessen Schwerpunktlegung dem Koordinator vor Ort obliegt. Der Koordinator / Chefreiseleiter ist Ansprechpartner, verlängerter Arm und Repräsentant von RUF Jugendreisen vor Ort, er trägt die Verantwortlichkeit für einen reibungslosen Ablauf und verhandelt mit den örtlichen Leistungsträgern (Agenturen, Busunternehmen, Hoteliers, Campingplatz, Kommunen etc.). Außerdem regelt und verantwortet er sämtliche Finanzvorgänge, sowie Vorgänge der Personalführung: Er leitet, berät, motiviert und unterstützt das Mitarbeiterteam und führst regelmäßige Teamsitzungen durch. Gemeinsam mit dem Team setzt er Schwerpunkte und plant, realisiert und überprüft die Erreichung der gesteckten Ziele. Wichtige

Voraussetzungen sind Kenntnisse über Land und Leute des Reiseziels sowie gute Fremdsprachenkenntnisse und eine hohe Belastbarkeit. Ihm unterstellt sind die einzelnen Chefanimateure, die gruppenübergreifende Großanimationen oder Themenshows organisieren und ihre Durchführung hauptverantwortlich sicherstellen. Ihnen untersteht unter anderem der Jugendreiseleiter. Die weiteren im Großen und Ganzen selbst erklärenden Stellen seien an dieser Stelle grafisch kurz aufgeführt.

Personalstruktur RUF Destination

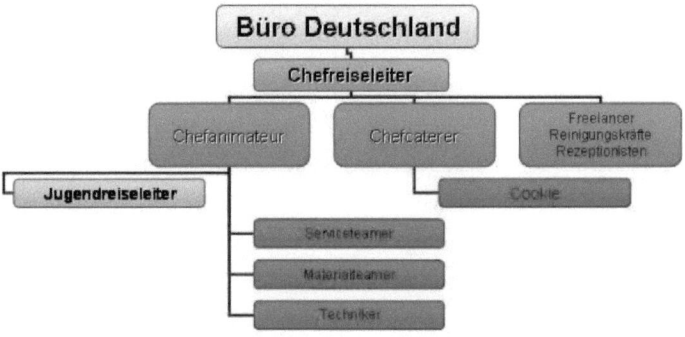

Grafik erstellt durch
Sven Hosang, ▇▇▇▇▇▇

3.3. Aufgaben des Jugendreiseleiters:

Primär betrachtet trägt der Teamer die Verantwortung für seine Teilnehmer, wie die jugendlichen Reisenden RUF-intern genannt werden. Dies beinhaltet die Ausübung der Aufsichtspflicht vor Ort, die Sicherstellung der Einhaltung des Jugendschutzgesetzes sowohl der Bundesrepublik Deutschland als auch des Jugendschutzgesetzes der Destination, um Friktionen mit den örtlichen Behörden auszuschließen wie auch der firmeninternen Richtlinien RUFs in Bezug auf die so genannte „Firewall", welche für die Drogen-, Gewalt- und Extremismusfreiheit der Jugendreisen bei RUF steht.

Ferner ist der Teamer 7 Tage die Woche 24 Stunden am Tag Ansprechpartner für jede Art von Fragen und Problemen der Teilnehmer, stellt für sie eine Art „großen Bruder mit Weisungsbefugnis" dar, denn für die Dauer der Jugendreise sind ihm die Jugendlichen seitens der Eltern unterstellt worden. Der Teamer soll allerdings nur bedarfsabhängig autoritär einwirken, im Vordergrund steht seine animative Funktion sowie seine Rolle als Steuerer der gruppendynamischen Prozesse. Er soll aus den angereisten Individuen eine Gruppe formen, bei der niemand ausgeschlossen ist, die sich selbst als Gruppe sieht und auch als solche an Unternehmungen teilnehmen will bzw. selbst solche auf die Beine stellt.

Er stimmt mit der Gruppe Jugendlicher die er betreut, seinem „Meeting" die Tagesabläufe bedarfsanhängig ab, informiert über das Programm des Urlaubsortes, begleitet Ausflüge mit, bietet selbst Workshops, Sportaktivitäten oder Gruppenevents an, übernimmt Rollen in Shows / bei Großevents / Funktionäraufgaben bei Veranstaltungen wie „Beacholympiade" oder ähnlichem und bindet wo immer er kann Freiwillige seiner Gruppe mit ein. Hier erklären sich auch die Schwerpunkte bei der Personalauswahl, der Teamer ist ein animativer Leitwolf, er muss mitreißen können, die Maxime „alles kann, nichts muss, aber viele (sollten) wollen" verkörpern.

4. Begriffsklärungen

Im Rahmen des weiteren Berichtes finden einige Begriffe Verwendung, deren allgemeine wissenschaftliche Bedeutung zu weit gefasst ist und auf den Bereich des Praktikums als Jugendreiseleiter eingegrenzt werden müssen. Die Tätigkeit als Jugendreise beinhaltet, wie bereits beschrieben, vor allem die der Steuerung von gruppendynamischen Prozessen und damit eine gezielte Einflussnahme auf die Kommunikation der Teilnehmer. Hierbei befindet sich der Jugendreiseleiter immer in der Rolle des teilnehmenden Beobachters. Es stellen sich an dieser Stelle somit drei signifikant wichtige Begriffe, die näher zu betrachten sind.

- Der Begriff der Kommunikation
- Was ist Gruppendynamik?
- Welche Gefahr birgt teilnehmende Beobachtung?

4.1. Der Begriff Kommunikation

In der Wissenschaft wird jede Art der Interaktion auch als Kommunikation bezeichnet und umgekehrt. Für die weitere Verwendung wird davon ausgegangen, dass Kommunikation, verbal wie nonverbal, der Oberbegriff für Interaktion ist und somit jede Art des „sich gewollt miteinander Beschäftigens" ein Akt der Kommunikation ist, der sich an Mimik, Gestik oder Sprache wie auch an beobachtbarer körperlicher Distanz sowie in zeitlich begrenzten Aktivitäten anhand der Dauer gemeinsam verbrachter Zeit messen lässt. Kommunikation besteht in diesem Falle also aus mehr als nur der intentional enkodierten Vermittlung einer Botschaft durch einen Sender an einen Empfänger sondern vielmehr auch aus der unbewussten Vermittlung von Information vom Sender zum Empfänger und simultan dazu vom Sender an dessen Umfeld – wobei jede Art der Einflussnahme des Senders auf sein Umfeld somit bereits ein Akt der Kommunikation, der Informationsweitergabe ist.

4.2. Gruppendynamik

Im Rahmen dieser Arbeit wird der Begriff der Gruppendynamik im Sinne K. Lewins verwendet[3], der sich mit den Entstehungs-, Veränderungs- und

---

[3] Vgl. Psychologie Fachgebärdenlexikon ONLINE der Uni Hamburg

Strukturbedingungen unbewusster und bewusster Prozesse in und zwischen sozialen Gruppen beschäftigte und ebenso darstellte, welche Effekte generell auftreten und wie diesen potentiell durch Steuerung begegnet werden kann. Hier war vor allem das Fünf-Phasen-Modell nach Tuckmans Grundlage, welches die Prozesse der Gruppendynamik in Fremdheitsphase, Machtkampfphase, Vetrautheitsphase, Differenzierungsphase und Trennungsphase einteilt, im Original als „Forming – storming – norming - performing – leaving" Stufen bezeichnet [4] [5]

4.3. Teilnehmende Beobachtung

Der Begriff an sich wurde erstmals durch Lindemann 1924 geprägt, als dieser die Unterscheidung zwischen dem objektiven und dem teilnehmenden Beobachter vornahm.[6]

Befindet man sich in der Situation, gruppendynamische Prozesse als Teamer unmittelbar steuern zu wollen, zu befindet man sich automatisch stets in der Rolle eines teilnehmenden Beobachters. Auf der einen Seite ist die stete Beobachtung und Analyse des Kommunikationsverhaltens erforderlich, auf der der anderen Seite beeinflusst man diese selbst unbewusst und aufgrund der beobachteten Ergebnisse, die man selbst mit verfälscht, dann wieder im Sinne der Gruppendynamik aktiv gewollt. Die teilnehmende Beobachtung zeichnet sich durch bestimmte Merkmale aus:

Die teilnehmende Beobachtung ist stets unstrukturiert, das Beobachtungsobjekt, in diesem Falle die Teilnehmer eines Meetings im Zusammenwirken als Gruppe, stellen ein sehr komplexes Feld dar, der Beobachter und Forscher sind in der Regel identisch, bei teilnehmender Beobachtung gibt es in der Regel somit auch keine Kontrollmöglichkeit, schematisch hält sich die teilnehmende Beobachtung, wenn überhaupt, an einen Beobachtungsleitfaden, auf dem einige Hauptrichtlinien vorgegeben sind. Hieraus leitet sich ab, dass eine Kontrolle der Datenqualität nicht gegeben ist, die Quantifizierungsmöglichkeiten sind somit in ihrer Güte als schlecht zu bewerten, damit ist eine Prüfung von Theorien oder Hypothesen aufgrund der geringen Validität wie auch Reliabilität nicht möglich. Die teilnehmende Beobachtung gehört in den Bereich der Exploration und

---

[4] Vgl. Wörterbuch der Pädgagogik S. 245f
[5] vgl. Gruppendynamik, Ardelt-Gattinger et. Al. S. 7ff
[6] vgl. „Techniken der Datensammlung", K.-W. Grümer S. 43 ff

vermag die Grundlage zur Hypothesengenerierung darzustellen.[7] Im Falle des Praktikums wurden die Teilnehmer mittels einer offenen Einführung auf die teilnehmende Beobachtung hingewiesen, sodass auch hier eine Verfälschung nicht auszuschließen ist, wenngleich die Zielsetzung, Kommunikationsverhaltensveränderungen beobachten zu wollen, nicht offen gelegt und auch nicht seitens der Teilnehmer vor Ende hinterfragt wurde.

Verfälschung im Sinne von bewusster Täuschung des Reiseleiters ist weitgehend auszuschließen, da der Reiseleiter bei einer Abfrage über den Gesamtreisezeitraum von 69 Teilnehmern auf einer Skala von 1-10 (1=Aufsichtsperson, 10=Kumpel) mit einem Durchschnittswert von 8,7 als integriert angesehen werden kann.

---

[7] a.a.O.

5. Gruppendynamik und Kommunikation auf einer Jugendreise am Beispiel

5.1. Operationalisierung von Kommunikation

Aus der teilnehmenden Beobachtung heraus lassen sich die wenigsten Dinge objektiv beobachten, sodass für die Beobachtung ein weitgehend fester Rahmen, hier Beobachtungsplan und Beobachtungsleitfaden unerlässlich ist. Vorangestellt war hier die Frage, inwieweit die zu beobachtende interpersonelle Kommunikation operationalisiert werden konnte. Die Versuchsgruppe aus 22 Personen, die insgesamt aus randomisiert zugeteilten Anreisegruppen aus 2 bis 5 Personen bestand, sollte unter dem Aspekt beobachtet werden, welche VP sich wann mit wem wie lange, gemessen in Minuten, beschäftigt bzw. welche VP welche VP in Wahlsituationen bewusst für oder gegen eine andere VP entscheidet. Regelbeobachtungszeiträume waren hier das für die Gesamtgruppe zur Teilnahme verpflichtend stattfindende einstündige Zusammentreffen täglich um 18 Uhr sowie der Zeitraum des Mittagessens, welcher auf einer Annahme basierend folgerichtig als solcher gewählt wurde, da hier 100% der Gruppe täglich ebenso beobachtet werden konnte. Ferner wurden durch den Beobachter Wahlsituationen erfasst, die sich bei kompetetiven Wettkämpfen, bei Ausflugsbuchungen und bei der Wahl des zu buchenden Abendprogramms ergaben.

Hier wurde vor allem die Dauer von Interaktionen miteinander erfasst wie auch die Anzahl von Wahlen numerisch festgehalten um somit sowohl den SS+ wie SS- und damit den SSg der einzelnen Personen zu erfassen und damit Basisgrößen für soziografische Darstellung zu erhalten wie auch mittels der Interaktionszeitsumme die interpersonelle Distanz erfassen zu können.

Für die Endversionen der Soziogramme wurde sowohl der SSg als auch die Interaktionszeit zur Erstellung der Soziogramme berücksichtigt, sodass diese keine Soziogramme im eigentlichen Sinne, sondern eine Sonderform darstellen.

Im Bereich der kompetetiven Wettkämpfe kann eine spezielle Messdimension der Wahlverhalten ausgeschlossen bzw. vernachlässigt werden, da hier der Spaß klar im Vordergrund stand, da die angebotenen Preise einen Sachwert von 2 Euro nicht überstiegen und das Gewinnen an sich weniger Stellenwert besaß als das „sich in Szene setzen" oder das „Miteinander Spaß haben" somit einen stärkeren Wahlgrund boten als das die spezielle Messdimension des „Gewinnenwollens".

Der hierzu konzipierte Beobachtungsbogen und Beobachtungsleitfaden stellte sich wie auf der nächsten Seite folgend dar:

5.2. Beobachtungsbogen Kommunikationsverhalten Meeting

„_____"

Datum:___/___/_____ = Tag _____ der Reise

Situation:
[ ] Frühstück **[ ] Mittagessen** [ ] Abendessen
[ ] Meeting um 18:00
[ ] Nachmittagsworkshop
[ ] Wahlsituation bei Bilden von Teams
[ ] Unterwegs in Calella um [_____:_____] Uhr
[ ] Wahrnehmung Abendangebot (Disco vs. Show vs. Bars vs. Individuelles)
[ ] Wahrnehmung Ausflugsangebot [ ] ganztägig [ ] halbtägig

Beteiligte Personen:
_____
_____
_____
_____
_____
_____
_____

Erkannte Gruppenbildung:
_____
_____
_____
_____
_____

Gemessene Zeit für
[ ] Dauer der Wahl / Treffen der Entscheidung
[ ] Dauer der Interaktion mit einander

Zeitnotizen

<u>5.3.Veränderungen von Kommunikation durch gesteuerte gruppendynamische</u>
<u>Prozesse</u>

Anhand der am zweiten Tag der Reise getroffenen Beobachtungen ließ sich das erste Soziogramm entwickeln, welches sich aus der gruppendynamischen Ausgangslage, erweitert um einen Tag nicht gesteuerter Gruppendynamik, erschloss.

Beziehungsgefüge Tag 2

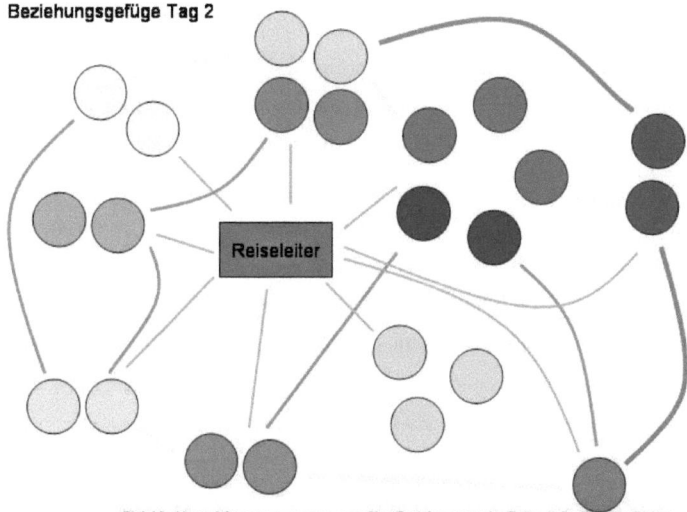

Gleichfarbige reisten zusammen an = positive Beziehung vor der Reise, hohe Kommunikation
Blaue Linie = beob. Gruppenbildung am Tag 2 der Reise, Grün = positives Verhältnis,
Gelbe Linie = keine Kommunikation, rot = bewusste Vermeidung, „aus dem Weg gehen"

In diesem Soziogramm wird verdeutlicht, in wie weit die zusammen angereisten Teilnehmer am Tag 2 insgesamt miteinander beschäftigt hatten. SS+ und SS- wurden aus Gründen der höheren Nettoinformationsgewinnung wie auch der einfacheren Veranschaulichung nicht implementiert. Der Reiseleiter, gleichzeitig teilnehmender Beobachter, nahm aus funktionalen Gründen der zu steuernden Gruppendynamik eine neutral-positive Rolle ein, die interpersonelle Ablehnung seinerseits kategorisch ausschloss. In der Folgezeit wirkte der Reiseleiter vor allem unter dem Aspekt auf die Gruppe ein, dieses „Anreisebeziehungsgefüge" weitestgehend aufzubrechen, die bestehenden Paare sowie die Clique und das Dreieck mit einander zu verknüpfen, hier die interpersonelle Distanz zu verringern, die Kommunikationszeit zu erhöhen und die Anzahl negativer Wahlen in der Gruppe zu minimieren, und so die Kohäsion in der Gruppe zu erhöhen. Maßnahmen hierzu waren verschiedene gruppendynamische

Interventionen, die mittels persönlicher Autorität des Reiseleiters initiiert und umgesetzt, die aber nicht einzeln auf ihre Wirksamkeit evaluiert sondern lediglich prognostisch als wirksam eingeschätzt wurden.

Hierzu zählten:

- Kennenlernspiele zu Beginn der Reise, vor allem soziometrische Aufstellung auf engem Raum, nach
  - o Wohnort
  - o Geburtstag
  - o Anfangsbuchstabe des Vornamens

  Der enge Raum wurde hier gewählt, um ein bewusstes Eindringen in die körperliche Nahdistanz zu erzwingen, somit Hemmschwellen zu senken.
- Aufforderung an die Gruppe, sich einen „Gruppennamen" zu überlegen
- Aufforderung an die Gruppe zum nächsten Tag den Lebenslauf des Reiseleiters zu recherchieren, wobei jeder nur eine Frage stellen durfte- und dies auch nur, wenn er mit dem Reiseleiter allein war,
- Verdeckte Zuteilung eines „stillen Freundes" – jeder Teilnehmer schrieb seinen Namen auf einen Zettel, diese wurden randomisiert wieder ausgeteilt und dem so zugewiesenen war während der Reise „Gutes" zu tun.
- Tägliche Gruppenspiele, die für Einzelpersonen unlösbar waren
- Regelmäßige randomisierte Einteilung in neue Paarkonstellationen bei Zuweisung einer zu lösenden Aufgabe
- Einmalig bewusste Vertrauten-Trennung
  - o Hierbei stellen sich die Teilnehmer jeweils ihrem „vertrautestem" Gruppenmitglied gegenüber (Dominanzpaarvergleich). Anschließend wechselt eine so entstandene Reihe drei Plätze nach rechts (aufbrechen des Cliquengefüges) und die so neu entstandenen Paare führen ein narratives Interview mit einander, in welchem jeder eine Lüge verbergen muss. Anschließend stellt der Interviewer den Interviewten der Gruppe vor, die Gruppe hat dann die Lüge zu erraten.
- Zuteilung eines Gruppenziels, hier Erlernen des Clubtanzes des Reiseveranstalters, um diesen am Abschlussabend als Gruppe vorzuführen
- Planung des Reiseangebotes durch projektive Fragestellungen, beispielsweise „Was machen wir" – Integration des Reiseleiters in den Gruppenprozess.

- Förderung des Konkurrenzgedankens gegenüber anderen Meetings
- Förderung des Überlegenheitsgedankens gegenüber anderen Meetings
- Permanentes Konfliktmanagement
- Offenes 360° Tagesfeedback sowie soziometrische Stimmungsanalyse
  - Beispiele: Jeden Tag hatte jeder Teilnehmer sein Tageshighlight wie auch seinen größten Kritikpunkt des Tages offen auszusprechen sowie seine allgemeine Stimmung mittels eines Punktes auf einer Zielscheibe, bei der das Zentrum „Optimal zufrieden" symbolisierte, aufzuzeigen. Der mittlere Treffpunkt dieses Rankings wurde als Indikator für die Kohärenz in der Gruppe mit berücksichtigt.

Nach elf Tagen zeigten sich diese Maßnahmen zusammengefasst mit folgender Wirkung:

Beziehungsgefüge Tag 11

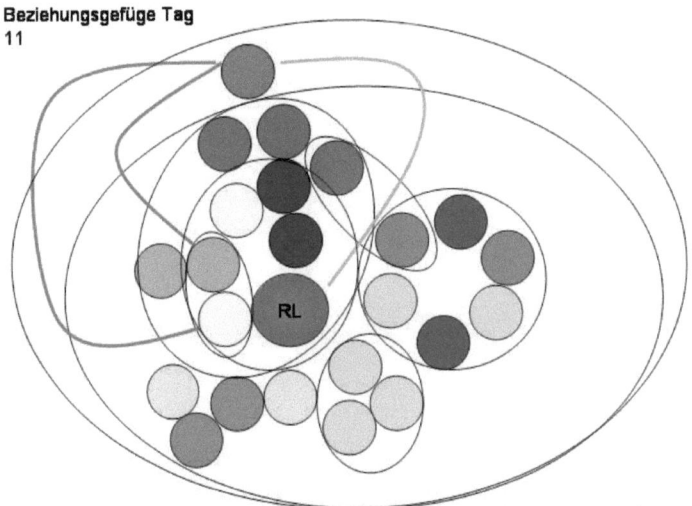

Gleichfarbige reisten zusammen an = positive Beziehung vor der Reise, hohe Kommunikation
Ellipsen = beob. Gruppen- und Subgruppenbildung am Tag 11 der Reise, verbringen viel Zeit
Grün = positives Verhältnis, Rot = bewusste Vermeidung, „aus dem Weg gehen"

Am Tag 11 der Reise, somit also dem Beginn der Tuckmanschen Leaving-Phase, zeigt sich deutlich auf, dass die interpersonelle Distanz an sich verringert wurde und die Kohärenz der Gruppe zugenommen hat. Wenngleich bestimmte soziometrische Strukturen, hier vor allem das Dreieck, immer noch als solche erkennbar sind, zeigt sich doch eine Verzahnung vor allem der einzelnen Paare sowie die durch Ellipsen dargestellte neue Bildung von Cliquen, die sich jedoch durchaus als Teile eines gewollten Ganzen wahrnehmen und kaum Kontakte zu Personen außerhalb der Gruppe pflegen, solange dies nicht situativ erforderlich war (andere Teamer, Wettkampf mit anderen Meetings) – die Teilnehmer suchten in 237 Situationen von 272 Beobachtungen auf 11 Tage verteilt die Nähe der Gruppe, also in 87,13 % der Fälle wurde die Gruppe Alternativen vorgezogen. Abweichend hiervon in diesem Beispiel die Position des Abgelehnten, welcher dem Reiseleiter gegenüber Desinteresse an Gruppengeschehen eröffnete, seine Zeit weitgehend individuell verbrachte und dadurch durch zwei andere in der Gruppe informell als „Störfaktor" betrachtet und abgelehnt wurde, wenngleich sich dieser Abgelehnte in den Pflichtmeetings und den damit verbundenen Spielen neutral einbrachte.

6. Bewertung des Einflusses von Jugendreisen bei RUF auf das Kommunikationsverhalten von Jugendlichen

Ersichtlich ist in diesem Beispiel, dass gesteuerte gruppendynamische einen Einfluss auf Kommunikation haben, der jedoch in seiner Auswirkung

a) nicht exakt bewertet werden kann und

b) nicht an der Institution RUF, sondern eher an der Rolle des Teamers an sich festgemacht werden kann.

Dadurch, dass der Steuerer, hier der Reiseleiter, von Vornherein die Rolle des Führers übernimmt und auch als solcher wahrgenommen wird, ist die Machtkampfphase der Gruppe an sich von vornherein gehemmt. Die Phase des „forming" und des „storming" die nach Tuckman mindestens drei bis mehrere Tage in Anspruch nimmt, konnte hier in drei von drei Fällen als nach 2 Tagen abgeschlossen betrachtet werden. Das gezielte Destabilisieren bestehender Soziostruktur zugunsten einer höheren Kohäsion in der Gruppe zeigt sich bei neu entstehenden Gruppen im Ansatz als erfolgreich, eine genaue Prüfung dieses Ansatzes müsste in größerem Umfeld erfolgen. Der Vergleich mit der Wirksamkeit bei gewachsenen Gruppen und gefestigten Strukturen ist nicht möglich, lediglich die vergleichsweise kurzen Phasen des forming und storming und die in logischer Relation dazu sehr lange Phase des performing, hier im Sinne des Gruppenzusammenwirkens verstanden, scheint ein Indikator dafür zu sein, dass die gesteuerte Gruppendymanik, die bei RUF-Jugendreisen Leitgedanke ist, einen positiven Einfluss auf interpersonellen Interaktionismus und damit Kommunikationsverhalten hat und belegbar in Einzelfällen die Zufriedenheit der Gruppe steigerte.

Eine These für weitere Forschung wäre hier:

Jugendreisegruppen, auf die gesteuert gruppendynamisch eingewirkt wird, weisen sowohl eine höhere Kohäsion als auch höherfrequente interpersonelle Kommunikation auf, als Jugendreisegruppen, die nur begleitet werden.

Literaturverzeichnis

Bücher

Ardelt-Gattinger
Elizabeth

Gruppendynamik

Anspruch und Wirklichkeit der Arbeit in Gruppen

Verlag für Angewandte Psychologie Göttingen

1. Auflage

Göttingen 1998

Diekmann,
Andreas

Empirische Sozialforschung

Grundlagen, Methoden, Anwendungen

Rowohlts Enzyklopädie

Rowohlt Taschenbuch Verlag

14. Auflage

Reinbek bei Hamburg, Oktober 2005

Crott,
Helmut

Soziale Interaktion und Gruppenprozesse

Kohlhammer Standards Psychologie

Verlag W. Kohlhammer GmbH

Stuttgart, Berlin, Köln, Mainz, 1979

Grümer,
K.-W.

Beobachtung

Techniken der Datensammlung

Teubner Studienskripten

B.G. Teubner Stuttgart

Stuttgart, 1974

Atteslander,
Peter

Methoden der empirischen Sozialforschung

9., neu bearbeitete Auflage

Walter de Gruyter GmbH und Co KG

Berlin; New York, 2000

Neuburger, Edgar	**Kommunikation in der Gruppe**
	Ein Beitrag zur Informationstheorie
	Schriftenreihe Kybernetik
	Verlag R. Oldenburg München – Wien
	München, 1970

Bortz, Jürgen	**Forschungsmethoden und Evaluation**
Döring, Nicola	für Human und Sozialwissenschaftler
	2. Auflage, Nachdruck 2003
	Springer Verlag
	Heidelberg, Berlin, New York 2002

Schaub, Horst	**Wörterbuch Pädagogik**
Zenke, Karl. G	6. Auflage
	Deutscher Taschenbuch Verlag GmbH und Co KG
	München, 6. Oktober 2004

Weitere Quellen:

Porwol, Bernhard	**Aufsatzsammlung zu Jugendreisen**
	Teamerinformationsmaterial 2005-12-21
	Bielefeld, 2005

Porwol, Bernhard Et al.	**RUF-Akademie-Ausbildungsmappe**
	Bielefeld, 2005

Universität Hamburg	**Gebärdenlexikon zur Gruppendynamik**
URL:	http://www.sign-lang.uni-hamburg.de/Projekte/PLex/PLex/lemmata/G-Lemma/Gruppend.htm (Ablesedatum 10.11.2005)

Sven Hosang

18. August 2005

Praktikumbescheinigung

Herr Sven Hosang absolvierte für unseren gemeinnützigen und nach § 75 KJHG (Kinder- und Jugendhilfegesetz) als freier Träger der Jugendhilfe anerkannten Verein zu folgenden Zeiten ein Praktikum als Jugendreiseleiter:

26.06. – 28.07.2005 in Calella / Oasis Park

Die Aufgaben eines Jugendreiseleiters umfassen sämtliche pädagogische und organisatorische Vorbereitungen für das Tages- und Abendprogramm. Diese beinhalten u.a. die Gestaltung eines jugendgerechten Freizeitprogramms, die länderkundige Animation mit einem dazugehörenden Ausflugsprogramm und die Organisation von Sportaktivitäten. Herr Hosang war über die gesamte Zeit Ansprechpartner der Jugendlichen bei pädagogischen und gruppendynamischen Problemen.

Zur Vorbereitung auf seine Aufgaben nahm Herr Hosang im Jahr 2005 an einem 5-tägigen Ausbildungsseminar und an mehreren Arbeitsbesprechungen teil und lernte so die Struktur und Organisation von RUF Jugendreisen kennen. Inhalte der Ausbildung waren Rhetorik, Programmgestaltung und Spielanimation, Jugendreiseleiterprofil, Gruppendynamik, rechtliche Grundlagen für Jugendauslandsreisen, Reisevertragsrecht sowie allgemeines touristisches Grundwissen.

RUF Jugendreisen dankt Herrn Hosang für die Zusammenarbeit und wünscht ihm für seine weitere berufliche und private Zukunft alles Gute.

RUF Jugendreisen